Dédicace

A tous ceux qui ont décidé d'être heureux(se).

Le mot de l'auteur

Pourquoi ce livre ?

Ce qui est étonnant c'est que nous apprenons la grammaire, les mathématiques, les langues étrangères, mais peu à communiquer et à être heureux(se).

J'ai observé, à la fin de mes accompagnements de coaching, les personnes coachées repartir avec le sourire et plus d'espoir.
J'ai envie de partager avec vous les méthodes et pratiques que j'utilise en séance, qui sont simples et efficaces, afin de vous aider à aller vers plus de bonheur. Les pratiques regroupées et proposées, dans cet ouvrage, permettent à chaque lecteur de prendre du recul et de clarifier ses idées et sa réflexion afin de trouver ses solutions personnelles.

J'avoue que pour l'écriture de ce livre, je suis également sortie de ma zone de confort, car je ne pensais pas être capable d'écrire et de réaliser les illustrations. Pourtant je suis allée au-delà de mes croyances limitantes, pour oser essayer. Ce livre a été réalisé avec beaucoup d'amour, car j'avais à cœur de partager mes expériences avec vous. A quoi bon garder les choses précieuses pour soi sans partage.

Ce livre est très pratique car il contient des questions que nous avons rarement l'idée et le temps de nous poser. Elles peuvent parfois être inhabituelles et étonnantes, mais tellement enrichissantes.

En lisant ce livre vous prenez du temps pour vous. Soyez convaincu(e) que vous le méritez.
Soyez également rassuré(e) et patient(e), car tout comme vous avez appris à lire, écrire et compter, vous allez apprendre à trouver le bonheur en vous tranquillement à votre rythme.

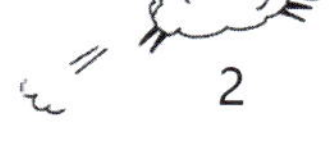

Introduction

Je vous présente TIX, qui est un mouton qui sort du troupeau. Il est caractérisé par une oreille noire et il sait comment être heureux. Je lui ai demandé ce qu'était pour lui le bonheur et de partager avec vous ses outils et méthodes.

Dialogue avec TIX :

- C'est quoi pour toi le bonheur TIX ?

- Pour moi, c'est d'abord d'être conscient que nous avons tous le bonheur en nous.

- Pourrais-tu donner à tous nos lecteurs(trices) des pistes pour les aider ?

- Oui avec plaisir, je propose de partager avec eux mes pratiques, que j'appelle mes pratix. Et oui, c'est comme une activité sportive, le bonheur est un entraînement. Soyez indulgent avec vous car le bonheur n'est ni instantané ni immédiat.
Le maître zen et philosophe japonais Eihei DÖGEN disait, « Je n'ai jamais entendu dire que quelqu'un ait des résultats sans étudier ou atteint la réalisation sans pratiquer. »
Si certaines pratix vous inspirent, découpez-les et affichez-les sur votre bureau, votre frigo ou à tout endroit qui vous plaira. Vous pouvez également prendre en photo les images, les mettre en fond d'écran, faites ce que bon vous semble.

Pour vous aider au mieux, chaque pratix est accompagnée d'une fiche contenant les éléments suivants :
- Des objectifs pour vous guider et clarifier l'intérêt de la pratix.

- Des exercices pour passer à la pratix.
- Des exemples pour vous aider à trouver des idées, que vous pourrez adapter à vos besoins.
- Des questions de réflexion pour aller plus loin dans votre développement personnel. « Le savant n'est pas l'homme qui fournit les vraies réponses, c'est celui qui pose les vraies questions. » disait Claude LEVI-STRAUSS.
- Des citations pour ouvrir à la réflexion.
- Ainsi qu'une illustration pour visualiser et intégrer.

- TIX, c'est quoi exactement selon toi le développement personnel ?

- Pour moi, c'est de modifier son état d'esprit afin de grandir et de parvenir à l'accomplissement de soi et à la réussite de sa vie et de ses projets : ce qui vous rendra heureux(se). « Le but de la vie est le développement personnel. Parvenir à une parfaite réalisation de sa nature, c'est pour cela que nous sommes tous ici. » disait Oscar WILDE.

- Vaste programme, cela paraît un peu compliqué, non ?

- Justement Nina, je propose de simplifier les choses pour tout le monde.
Je pense sincèrement que le meilleur investissement, c'est d'abord soi-même.
C'est en suivant des petits cailloux sur votre sentier que vous pourrez accéder au bonheur et cela au rythme de votre marche.
A vous de commencer par votre premier pas sur ce chemin qui mène au bonheur et surtout faites-vous plaisir.
J'ai imaginé 52 pratix, afin que vous puissiez en tester une par semaine. Je vous suggère de noter, sur un cahier dédié, votre progression entre la première et la dernière pratix.
Construisez le bonheur à votre image. Soyez tolérant avec vous, car même si cela prend du temps, vous êtes libre d'aller à votre

rythme en vous faisant plaisir. Chaque pas sera déjà une réussite, peu importe sa taille. Soyez également patient, suivant votre point de départ l'intégration des pratix sera plus ou moins longue, 1 mois, 6 mois, 1 an, à chacun sa vitesse. « Ne craignez pas d'être lent, craignez d'être à l'arrêt. » dit un proverbe chinois. Choisissez l'ordre des pratix qui vous convient le mieux, mise à part la pratix n°1 qui vous permettra de faire un bilan personnel. Bonne route à tous !

- Merci TIX pour ton partage.

« Il ne dépend que de nous de suivre la route qui monte et d'éviter celle qui descend. » PLATON.

« Un voyage de mille lieues a commencé par un pas. » Lao TSEU.

C’est parti .... pour le bonheur !

PRATIX N°0

Réflexion sur le bonheur

A propos du bonheur, vous êtes-vous déjà posé les questions suivantes ?

Que signifie le bonheur pour vous ?

Pouvez-vous en donner une définition précise ?

Qu'est-ce qu'une vie réussie pour vous ?

Prenez un papier et de quoi écrire, afin de noter les questions et vos réponses, car ces interrogations méritent de se donner le temps du questionnement et de la réflexion.

Voici quelques réponses possibles et inspirantes :

« Le vrai bonheur ne dépend d'aucun être, d'aucun objet extérieur. Il ne dépend que de vous-même. » Dalaï LAMA.

« Ne laissez personne venir à vous et repartir sans être plus heureux. » Mère TERESA.

« Quand ce que vous pensez, ce que vous dites et ce que vous faites sont en harmonie, le bonheur vous appartient. » Mahatma GANDHI.

« Il n'est point de bonheur sans liberté, ni de liberté sans courage. » PERICLES.

« Pour moi, le bonheur, c'est d'abord d'être bien. » Françoise SAGAN.

Chaque personne est unique, par conséquent chaque réponse à ses questions le sera également.
Ce qui fait la spécificité de chaque individu est lié à ses propres valeurs personnelles, besoins, croyances, peurs, aspirations, conditionnements ... Il faut les respecter afin que vous trouviez votre chemin avec des solutions adaptées à votre personnalité.

Mon objectif est également de vous amener à devenir autonome afin que vous partagiez ces précieux outils avec les personnes de votre entourage que vous aimez. Vous pouvez d'ailleurs faire les exercices avec une personne de votre choix.
Je suis intimement persuadée que le contenu de ce livre vous aidera à trouver le bonheur. Et je m'en réjouis pour vous, dès à présent !

Posez-vous tranquillement, dans un lieu qui vous convient et prenez le temps également de réfléchir aux questions suivantes :

En quelle occasion vous est-il arrivé d'être heureux ? (Où, quand, comment, avec qui ...)

Pouvez-vous décrire précisément ce qui vous a rendu heureux ?

Qu'est-ce que vous aimeriez changer dans votre vie pour être heureux ?

Qu'est-ce qui vous en empêche aujourd'hui ?

Quelle place accordez-vous aux possessions et au confort matériel ?

Connaissez-vous des gens heureux (ou qui vous paraissent heureux) ?
Et si oui, à votre avis qu'est-ce qui les rend heureux ?

Est-ce que votre vie actuelle vous permet d'accéder au bonheur ? Si ce n'est pas encore le cas, que pensez-vous qu'il faudrait changer dans votre quotidien ?

« Qui veut faire quelque chose trouve un moyen. Qui ne veut rien faire trouve une excuse » Proverbe arabe.

Et si le bonheur dépendait de vous ?

Qu'êtes-vous prêt(e) à faire pour atteindre le bonheur ? Et combien de temps et d'énergie êtes-vous prêt(te) à y consacrer ?

Etes-vous prêt(e) à être heureux(se) ?

Le bonheur est en chacun de nous, tout comme l'écriture, le calcul, les langues étrangères, il se travaille. Souvent, nous avons tendance à chercher celui-ci à l'extérieur de nous, alors que nous pouvons le développer car il est tout proche, en nous.
Mais comment faire ?
TIX va vous aider à mettre en place des exercices simples et pratiques que vous pourrez réaliser à votre allure.

PRATIX N°1

Faire un bilan de votre niveau de bonheur

Exercice

Déterminer quel est votre niveau de bonheur avant de pratixer.

Dans quelle zone êtes-vous aujourd'hui ?
En ce moment ?

Est-ce que celle-ci vous convient ?
Prenez le temps de noter ci-dessous ce qui est acceptable pour vous aujourd'hui et ce qui ne l'est pas.
Acceptable pour moi (au moins 3 situations) :
1/............................. 2/ .... 3/ ....
Inacceptable pour moi (au moins 3 situations) :
1/............................. 2/ .... 3/ ....
Sur une échelle de 1 à 10, quel est votre niveau de bonheur actuel ?
0 1 2 3 4 5 6 7 8 9 10

Exemple

Prenez un cahier sur lequel vous notez votre point de départ et faites un bilan dans 1 mois, 6 mois, 1 an, 5 ans ...

? Questions de réflexion

Etes-vous dans la zone que vous souhaitez ?
....
....
Qu'est-ce qui vous ferait changer de zone ?
....
....
....
....
Qu'est-ce qui vous empêche de changer de zone aujourd'hui ?
....
....
....
....
....

Comment définir votre objectif suite à cette pratix ?

Qu'est-ce que vous voulez sincèrement ? Quel objectif vous rendra heureux(se) ?

....

....

....

Est-ce que cet objectif dépend de vous ?

....

....

....

Qu'est-ce que cet objectif va vous apporter d'important pour vous et votre entourage ?

....

....

....

Où, quand, dans combien de temps, avec qui voulez-vous atteindre votre objectif ?

....

....

....

Est-ce que votre objectif est matériellement réalisable, atteignable, réaliste, mesurable ?

....

....

....

A quoi saurez-vous concrètement que votre objectif est atteint ?

....

....

....

Est-ce que l'atteinte de votre objectif peut présenter un inconvénient pour vous ou pour d'autres personnes ?

....

....

....

De quoi avez-vous besoin pour atteindre votre objectif ?

....

....

....

Est-ce que ce moyen peut présenter des inconvénients pour vous et d'autres ?

....

....

....

Quel est votre plan d'actions qui vous permettra d'atteindre le bonheur ?

....

....

....

Soyez rassuré, si vous n'avez pas encore toutes les réponses à ces interrogations, les pratix de ce livre sont là pour vous aider à trouver vos réponses petit à petit, tranquillement à votre rythme.

« On n'a pas besoin de voir tout l'escalier pour avancer sur la première marche » Martin LUTHER KING.

« Le but, c'est d'être heureux. On n'y arrive que lentement. Il faut une application quotidienne. » Jules RENARD.

« On ne peut pas, sous prétexte qu'il est impossible de tout faire en un jour, ne rien faire du tout. » L'Abbé PIERRE.

Ce livre va vous permettre de découper votre grand objectif final lié au bonheur en petits objectifs atteignables et réalisables au quotidien. Ce qui est important c'est d'avancer avec plaisir et sérénité. Pour vous motiver vous pouvez faire les pratix avec une autre personne.

Certaines pratix portent un même titre, afin de vous ayez plusieurs méthodes qui vous permettront d'atteindre votre objectif.

Etes-vous prêt(e) pour le voyage menant vers votre objectif qui vous rendra heureux(se) ?

De quoi auriez-vous besoin pour démarrer ?

Est-ce le bon moment pour vous ?

PRATIX N°2

Stimuler votre motivation

Exercice

Après avoir imaginé et défini votre objectif, ainsi que les étapes amenant à la réussite, il faut démarrer pour le concrétiser.
Pour cela vous avez besoin de motivation et de volonté.

Exemple

Chaque jour imaginez que vous avez atteint votre objectif. Connectez-vous aux sensations que cette réussite vous procure.

Questions de réflexion

Quel est votre niveau de volonté et de motivation ?
Qu'êtes-vous prêts à investir pour réussir ?
Quelle est votre propre définition de la réussite ?
Quels critères vous permettront de savoir si vous avez réussi ?
Et quand vous avez réussi ?
Qu'est-ce qui vous donne envie de commencer ?
Quelles émotions ressentez-vous, une fois votre objectif atteint ?

« J'ai décidé d'être heureux par ce que c'est bon pour la santé. »
VOLTAIRE.

PRATIX N°3

Se connecter à ses rêves

Exercice

Construisez votre bonheur à votre image. En réalisant vos propres rêves et non ceux des autres.
Prenez le temps de vous poser et d'imaginer le futur idéal pour vous. Cela vous aide à donner du sens à votre vie.

Exemple

Apprendre à piloter, gravir tous les plus hauts sommets de la Terre, avoir sa propre maison, avoir du temps en famille et pour soi, faire un puzzle géant, créer votre propre entreprise ...

Questions de réflexion

Et si vous le dessiniez ou l'imaginez, à quoi ressemblerait vôtre rêve ?
Projetez-vous dans 10 ans. Est-ce que le chemin parcouru ira dans la direction de votre rêve le plus important ?
De quelles ressources avez-vous besoin pour réaliser votre rêve ?

« La sagesse, c'est d'avoir des rêves suffisamment grands pour ne pas les perdre de vue quand on les poursuit. » Oscar WILDE.

PRATIX N°4

Connaître ses besoins fondamentaux

Exercice

Faites la liste de vos besoins fondamentaux qui sont aujourd'hui satisfaits et ceux qui ne le sont pas. Pour assouvir un besoin, il y a plusieurs façons d'y parvenir qui demandent plus ou moins d'énergie.
En annexe, vous trouverez une liste de besoins.

Exemple

Si vous cherchez une nouvelle promotion dans votre activité professionnelle, c'est pour remplir quel besoin fondamental ?
Par exemple, celui de la reconnaissance, de l'argent, du succès, de l'estime de soi ...

Questions de réflexion

Sous quelles formes remplissez-vous votre besoin de reconnaissance ?
Par quels moyens pouvez-vous remplir vos besoins fondamentaux ?
Avez-vous choisi le chemin idéal pour satisfaire vos besoins ?
Connaissez-vous tous vos besoins fondamentaux ?
Qu'est-ce qui motive vos choix ?

« Donnez-vous la reconnaissance et vous deviendrez libre et heureux. » Nina SANDRE.

PRATIX N°5

Connaître ses qualités personnelles

Exercice

Acceptez la différence pour en faire une force, pour vous permettre de développer l'estime de vous et renforcer votre joie de vivre.
Prenez un papier crayon et notez toutes vos qualités et ce qui fait que vous vous différenciez des autres.
Pour vous aider, vous trouverez en annexe une liste de qualités personnelles.

Exemple

Je suis gentil(tille), attentionné(e), créatif(tive), ponctuel(tuelle), respectueux(se) ...
Si vous avez des difficultés à les définir vous-même, vous pouvez demander à une personne bienveillante de votre entourage de vous y aider.

Questions de réflexion

Quelles sont vos qualités que les autres apprécient ?
Dans quels domaines excellez-vous ?
Quelles sont vos forces ?
Qu'est-ce qui fait que vous êtes une personne exceptionnelle et unique par rapport aux autres ?

« N'essayer pas de devenir une personne qui a du succès. Essayer de devenir une personne qui a de la valeur. » Albert EINSTEIN.

PRATIX N°6

Connaître vos valeurs

Exercice

Définissez vos valeurs personnelles et hiérarchisez celles-ci par ordre d'importance pour vous. En acceptant, que d'autres n'aient pas les mêmes valeurs que vous, vous deviendrez plus tolérant envers eux et vous-même.

Exemples

La famille, le respect, le travail, l'honnêteté, l'argent, la créativité, l'amour, la générosité, le partage ... Pour vous aider, vous trouverez en annexe une liste de valeurs.
Mes valeurs hiérarchisées par ordre d'importance sont :
1/ ....
2/ ....
3/ ....

Questions de réflexion

Que faites-vous pour respecter vos valeurs ?
Etes-vous aligné avec vos valeurs personnelles ?
A votre avis, quelles sont les valeurs des personnes de votre entourage proches et éloignées ? (Si vous avez du mal à les définir, vous pouvez leur demander).

« Le bonheur c'est lorsque vos actes sont en accord avec vos paroles. » GANDHI.

PRATIX N°7

Développer votre optimisme

Exercice

Transformez vos pensées négatives en positives. Vous ne décidez pas des évènements extérieurs qui vous arrivent, par contre vous êtes libre de stopper et de choisir vos pensées face à celles-ci.

Exemple

S'il pleut, cela ne dépend pas de vous. Par contre, vous pouvez vous dire soit « Je déteste la pluie !» ou bien « Génial mon jardin va s'arroser tout seul !». Même situation, mais état d'esprit et perception différents.

Questions de réflexion

Comment réalisez-vous habituellement cette transformation du négatif vers le positif ? Si oui/non dans quelles circonstances ?
Essayez-vous de changer ce qui est en dehors de votre zone de contrôle ?
Qu'est-ce qui vous rend optimiste habituellement ?

« Il ne faut pas de tout pour faire un monde, il faut du bonheur et rien d'autre. » Paul ELUARD.

PRATIX N°8

Accroître l'amour et la gratitude

Exercice

Prenez le temps de partager avec les gens que vous aimez en échangeant de bonnes choses ou bien en discutant avec eux. Cela procure bien-être et satisfaction.

Exemple

Prévoir un bon repas avec des proches ou bien un restaurant 1 fois par mois. Et chaque fin de journée remercier pour ce qui nous est arrivé de bon durant celle-ci.

Questions de réflexion

Combien de temps consacrez-vous à vos amis ?
Pensez-vous que cela soit suffisant ?
Si non, qu'est-ce qui vous en empêche ?
Qu'avez-vous l'habitude d'offrir aux autres ? Sous quelle forme ?
De quoi vous contentez-vous ?

« Le bonheur est la seule chose qui se double si on le partage. »
Albert EINSTEIN.

PRATIX N°9

Elargir votre capacité de choix

Exercice

Sachez que vous avez toujours le choix dans toutes situations de vie, ce qui donne de l'espoir et de la liberté. Chaque choix a une conséquence que vous devez identifier. Face à une décision, essayez de trouver au minimums 3 solutions qui répondent à vos besoins et vos valeurs. Ces solutions seront les mieux adaptées à qui vous êtes.

Exemple

Pour vous aider à faire un choix, allez chercher des vidéos sur le sujet. Sinon, allez voir des amis de confiance pour vous soutenir en vous donnant un regard extérieur et de nouvelles idées.

Questions de réflexion

Que pouvez-vous faire pour avoir plus de choix ?
Comment faites-vous vos choix ?
Comment appréhendez-vous les changements ?
Que ressentez-vous devant un choix ?

Où ?

« Si on cesse de se prendre la tête et se laisse porter par son influx positif, façon zen, des solutions apparaissent. » Helen FIELDING.

PRATIX N°10

Amplifier votre optimisme

Exercice

Remémorez-vous une belle citation, qui vous procure une émotion positive, aidante et utile pour vous aujourd'hui. Vous pouvez découvrir des citations dans les livres, les films, sur Internet ...
Vous pouvez également en créer vous-même ou bien en notez chaque fois que vous en entendez une qui vous inspire.

Exemple

« Si vos valeurs sont respectées et vos besoins sont satisfaits, c'est le bonheur assuré. » Sandra NICOLINI.

Questions de réflexion

Quelles sont vos citations préférées ?
Connaissez-vous une personne qui soit inspirante pour vous ? Pourquoi ?
Quelle est la citation la plus inspirante et la plus motivante pour vous ?

« Si vous voulez que la vie vous sourie, apportez-lui d'abord votre bonne humeur. » SPINOZA.

PRATIX N°11

Amplifier votre optimisme

Exercice

Ouvrez vos albums photos et sélectionnez des images qui vous rappellent de bons souvenirs de vacances, ce qui va plonger dans le bonheur.

Exemple

Sélectionnez les images de meilleures vacances que vous ayez vécues et prenez une photo que vous pourrez regarder souvent, en la plaçant de manière visible dans votre espace de vie.

Questions de réflexion

Qu'avez-vous le plus apprécié durant chacune de vos vacances ?
Comment imaginez-vous vos prochaines vacances ? Où, quand, avec qui ?
Qu'est-ce qui vous permet de vous connecter facilement à la joie ?

« Le bonheur, c'est de continuer à désirer ce qu'on possède déjà. »
Saint AUGUSTIN.

PRATIX N°12

Fortifier votre bien-être physique

Exercice

Faites de l'exercice, cela permet à votre corps et à votre cerveau de s'oxygéner afin de se détendre !
«C'est pour cela que j'aime bien saute moutons ! » TIX.

Exemple

Prenez le temps de marcher chaque jour au minimum 30 minutes, en vous concentrant sur le rythme de vos pas.

Questions de réflexion

Quel type d'activité vous détend le mieux ?
A quelle fréquence pratiquez-vous celle-ci ?
Comment vous sentez-vous après avoir fait cette activité ?

« La marche est le meilleur remède pour l'homme. » HIPPOCRATE.

PRATIX N°13

Fortifier votre bien-être psychique

Exercice

Trouver votre exutoire personnel pour vous permettre d'augmenter votre calme intérieur.

Exemple

Faire de l'escalade, de la clarinette, de la vannerie, de la peinture, du parachutisme, du jardinage, de la pâtisserie ...

Questions de réflexion

Et si vous dessiniez ou trouviez une image, quel serait l'exutoire qui vous correspondrait le mieux ?
Combien de temps prenez-vous chaque jour pour vous détendre ?
Que ressentez-vous après avoir accompli votre exutoire ?

« On ne parvient pas tant au bonheur en vivant de manière passive des circonstances enviables qu'en s'impliquant dans des activités valorisées et en progressant vers les objectifs qu'on s'est en soi-même fixés. » David MYERS et Ed DIENER.

PRATIX N°14

Amplifier votre optimisme

Exercice

Pensez positif et vous verrez le bon côté des choses, ce qui va amplifier votre optimisme. Focalisez-vous sur ce que vous pouvez contrôler et ce qui ne dépend que de vous.

Exemple

Vous pouvez remplacer « Pourquoi je n'y arrive pas ?» en « Comment je peux faire pour réussir ?».

Questions de réflexion

Qu'est-ce qui dépend de vous dans ce que vous faites au quotidien ?
De qui, de quoi dépend votre humeur ?
Comment pourriez-vous transformer vos phrases du quotidien en tournures positives ?

« Pour moi il n'y a que d'heureux présages, car quoi qu'il arrive, il dépend de moi d'en tirer du bien. » EPICTETE.

PRATIX N°15

Découvrir votre génie intérieur

Exercice

Découvrez et faites grandir votre génie intérieur. Nous en avons tous un. Si votre mental est toujours occupé, il sera difficile de rencontrer votre génie et de vous connecter à lui.

Exemple

La méditation, le yoga, le sport, le jeu ... peuvent aider à reposer votre mental et à faire cette belle rencontre avec votre génie intérieur.

Questions de réflexion

Qu'est-ce qui est vraiment important pour vous ?
Est-ce que vous utilisez votre plein potentiel qui correspond à vos qualités et forces ?
Comment dynamisez-vous vos compétences ?
Si vous parliez avec votre génie intérieur, qu'est-ce qu'il vous dirait ?

« Toutes les choses sont entièrement en nous. Il n'y a pas de plus grand délice que de découvrir cela en se cultivant soi-même. » Mong TSEU.

PRATIX N°16

Oser essayer

Exercice

Choisissez votre vie ce qui vous fait envie et non ce qui plaît aux autres. Faites-vous plaisir avec un grand **P**, vous le méritez.

Exemple

Vous avez toujours rêvé d'écrire un livre ou bien de faire un baptême en montgolfière ?
Lancez-vous ... Qu'est-ce qui vous en empêche ?

Questions de réflexion

En quoi, et à quel moment, votre vie actuelle correspond à ce qui vous fait le plus plaisir ?
Que voulez-vous dans votre vie et comment le voulez-vous ?
Faites-vous actuellement ce que vous aimez ?
Faites-vous ce pour quoi vous êtes bons ?
Qu'êtes-vous prêts à vous offrir pour vous faire plaisir ?

« Si vous n'essayez jamais, vous ne réussirez jamais, mais si vous essayez, vous risquez de vous étonner vous-même. » Lama THUBTEN YESHE.

PRATIX N°17

Développer l'estime de soi

Exercice

Ayez une bonne estime de vous, en vous libérant des exigences qui vous sont imposées consciemment ou inconsciemment par votre entourage et votre environnement. Souvent notre pire ennemi, c'est nous-même avec nos propres croyances limitantes. En annexe, vous trouverez une liste des croyances, pour vous aider à identifier celles-ci.

Exemple

Remplacez une croyance limitante du type « Je suis trop vieux pour apprendre ! », par une croyance aidante comme « Je suis capable d'apprendre à tout âge ! ».

Questions de réflexion

Qui décide de votre chemin de vie ? Qu'est-ce qui vous pousse à faire les choses ?
Quelles sont vos croyances (Cf. en annexe) qui vous limitent, ainsi que vos peurs ? Par quelles phrases pouvez-vous remplacer vos croyances limitantes en croyances aidantes ?
Est-ce qu'il y a quelque chose qui vous empêche d'être vous-même ? A qui cherchez-vous à plaire ? De quoi êtes-vous fiers aujourd'hui ?

« Quand nous sommes pur et clair dans notre esprit, personne ne peut nous créer d'obstacles. » Lama THUBTEN YESHE.

PRATIX N°18

Etendre votre pleine conscience

Exercice

Prenez le temps de savourer ce que vous faites, en effectuant les choses les unes après les autres. Soyez dans l'instant présent. Vous pouvez commencer vos journées et week-end par ce qui vous fait envie. Sinon, vous allez passer votre temps à réaliser ce qui vous déplaît.

Exemple

Prenez un morceau de chocolat et avant de le manger, prenez le temps de le regarder, de le sentir, puis fermez les yeux en le dégustant lentement. Ou bien prenez le temps de sentir une belle fleur en fermant les yeux.

Questions de réflexion

Que pouvez-vous faire pour améliorer votre capacité à observer le monde qui vous entoure ?
Comment êtes-vous connecté au moment présent ?
De quelle manière le bonheur diffuse en vous dans l'instant présent ?
De quelle manière avez-vous facilement accès à vos ressentis ?

« Ne demeure pas dans le passé, ne rêve pas du futur, concentre ton esprit sur le moment présent. » BOUDDHA.

PRATIX N°19

Apaiser votre mental

Exercice

Pour avoir de l'enthousiasme et de l'énergie, chantez ou écoutez de la musique gaie. Par curiosité, testez une musique apaisante et calme, puis une musique avec un rythme très rapide, puis une autre mélancolique.

Exemple

Vous pouvez choisir : une musique avec des chants d'oiseau, des vagues, le son d'un cours d'eau, le vent dans les arbres ...

Questions de réflexion

Quelles sont vos émotions associées à chaque type de musique suivante.
Avec une musique calme et apaisante ?
Puis avec une musique très rapide ?
Enfin avec une musique très lente et mélancolique ?
Laquelle est la plus adaptée et agréable pour vous ?
Qu'est-ce que la musique peut vous apporter également ?
Quelles autres solutions avez-vous pour apaiser votre mental ?

« Il y a plus fort que l'orage, il y a toujours un oiseau pour vous rassurer. C'est l'oiseau inconnu, il chante avant de s'envoler.» René CHAR.

PRATIX N°20

Développer votre potentiel

Exercice

Osez changer de chemin, car prendre toujours la même route vous emmènera toujours à la même destination. Qui ose gagne.

Exemple

Testez une activité que vous n'avez jamais faite (danse, peinture, plongée, cuisine ...).
Ou bien réalisez votre activité favorite de manière différente.

Questions de réflexion

Qu'est-ce qui vous empêche d'oser ?
Qui vous interdit de changer vos habitudes ?
Avez-vous des peurs associées au changement ?
Comment pourriez-vous faire pour lever les obstacles ?
Travaillez-vous activement à dépasser vos peurs ?
De quelle manière vos croyances (Cf. en annexe) peuvent influencer vos choix ?

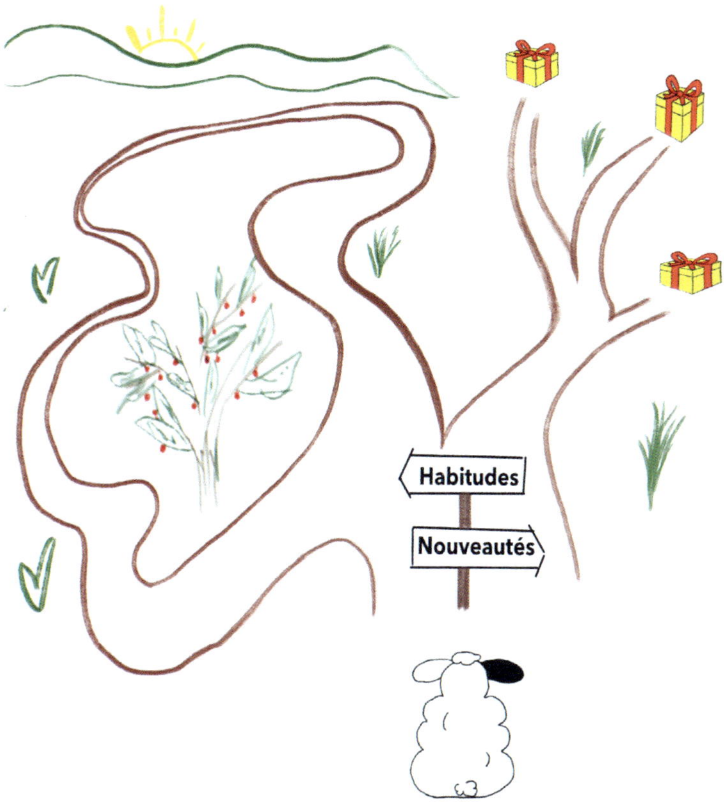

« Se tromper est humain, persister est diabolique. » Saint AUGUSTIN.

PRATIX N°21

Cultiver votre tolérance

Exercice

Sachez recevoir un retour des autres comme un cadeau, celui-ci peut contenir des informations qui vous aideront à avancer. Bien que cela ne soit pas évident et confortable à la première écoute.

Exemple

Si vous avez réalisé un travail long et difficile et que cela ne plait pas à une autre personne, peut-être qu'un point de vue différent vous apportera des idées complémentaires et nouvelles pour améliorer la qualité de celui-ci.

Questions de réflexion

Comment l'avis d'une autre personne peut vous aider à grandir ?
De quelle manière êtes-vous tolérants envers vous ? Envers les autres ?
De quelle façon accueillez-vous les retours des autres ? Qu'est-ce qui est en jeu pour vous ?

« Seuls les gens que nous connaissons et qui nous créent des problèmes nous fournissent vraiment l'occasion de pratiquer la tolérance et la patience. Nos ennemis, ou plus largement tous ceux qui nous veulent du mal méritent le plus grand respect et doivent être considérés comme nos professeurs les plus précieux. » Le DALAÏ LAMA.

PRATIX N°22

Développer l'estime de soi

Exercice

Abandonnez l'idée d'être parfait(e). Accordez-vous le droit à l'erreur. Acceptez que la perfection n'existe pas, cela vous aidera à lâcher prise et à vous détendre. Einstein n'a pas élaboré ses théories en une seule journée.

Exemple

Vous pouvez vous répéter régulièrement « J'ai fait sincèrement de mon mieux ! ».

Questions de réflexion

Et si vous étiez imparfait(e) que se passerait-il ?
Qu'est-ce que la perfection implique et signifie pour vous et pour les autres ?
Lorsque vous agissez selon vos valeurs et besoins, quelles sont les répercussions sur l'estime de vous ?
En quoi l'échec peut influencer l'estime de soi ?

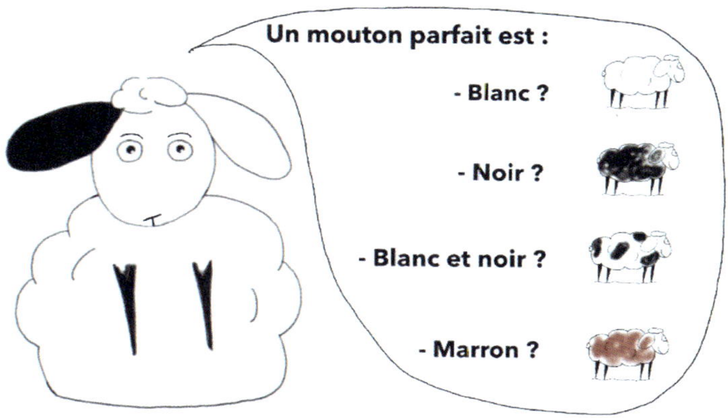

« La perfection ce n'est pas quelque chose de grand et beau, mais de faire ce que l'on fait avec grandeur et beauté. » Swâmi PRÂJNAPAD.

PRATIX N°23

Développer votre motivation

Exercice

Votre motivation est un de vos moteurs de réussite.

Exemple

Durant une balade en forêt, imaginez des messages positifs inscrits sur les arbres, pour vous apporter de l'énergie et de la motivation.

Questions de réflexion

Quelles autres visualisations aidantes pouvez-vous créer ? De quelles manières ?
Qu'est-ce qui est le plus motivant pour vous au quotidien ?
Quelles sont les sensations en lien avec votre motivation ?
Connaissez-vous des personnes susceptibles de vous motiver ?

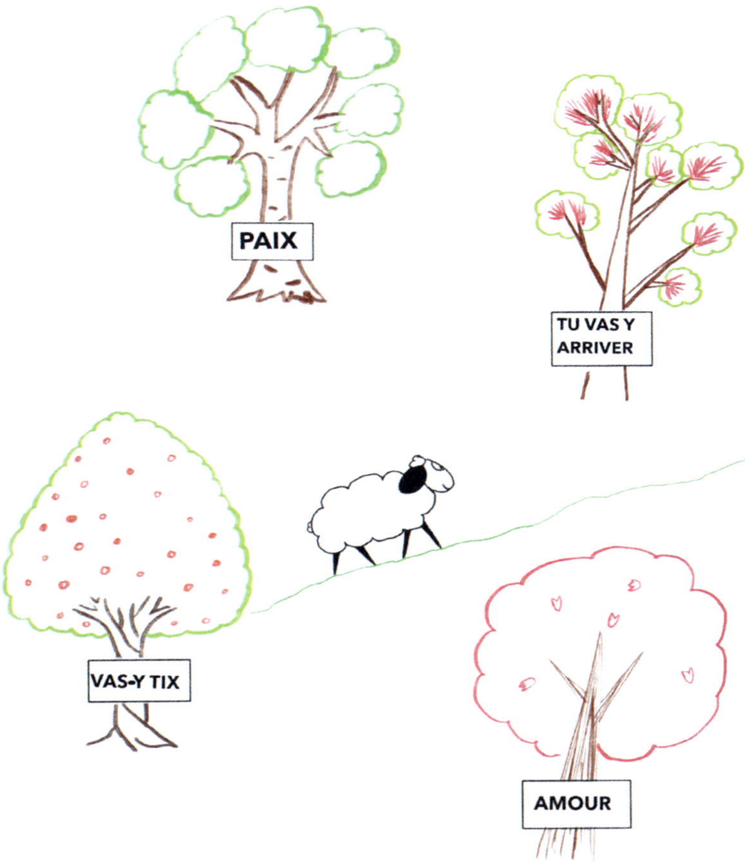

« Le bonheur est sur le chemin qui vous mène jusqu'à vous. »
Proverbe indien.

PRATIX N°24

Trouver votre chemin de vie

Exercice

Prenez le temps d'écouter votre cœur. Il a certainement de belles choses à vous dire, pour vous aider à avancer sur votre chemin.

Exemple

Rêver d'écrire un livre sur le développement personnel et de partager tout ce qui vous a fait grandir, et qui permettra que d'autres grandissent également afin que le monde soit plus serein.

Questions de réflexion

Qu'est-ce qui vous fait envie ?
De quoi avez-vous vraiment besoin en ce moment ?
Quel est le sens de votre vie ?
Qu'est-ce que vous pourriez amener à l'humanité ?
Comment utilisez-vous vos talents ?
Pour quelle raison êtes-vous sur Terre ? Quelle est votre mission ? Imaginez que vous ayez tout l'argent que vous désirez. Qu'est-ce que vous feriez de votre vie ?
Est-ce que votre chemin actuel remplit vos valeurs et besoins, et fait sens avec vous ?

« On ne voit bien qu'avec le cœur. L'essentiel est invisible pour les yeux. » Antoine de SAINT-EXUPERY.

PRATIX N°25

Fortifier votre bien-être physique

Exercice

Prenez le temps de vous reposer. Le repos ce n'est pas rien faire, puisque c'est se reposer. Le corps a besoin de recharger ses batteries. Sans des batteries chargées, vous ne redémarrerez pas.

Exemple

Lorsque le soir vous êtes fatigué, ne luttez pas contre la fatigue avec des excitants (café, thé ...) allez simplement profiter d'une douce nuit de sommeil plus longue et réparatrice.

Questions de réflexion

De quelles façons vous reposez-vous ?
Avez-vous un rituel spécifique vous permettant de vous reposer facilement ?
Comment se passe votre journée lorsque vous êtes reposé ?

« Fais du bien à ton corps pour que ton âme ait envie de rester. »
Proverbe idien.

PRATIX N°26

Choisir votre lieu de vie

Exercice

Choisissez l'environnement de vie qui vous correspond le mieux.
Nous avons toujours le choix.

Exemple

Préférer la campagne car c'est un besoin vital d'être au contact de la nature et d'être au calme.
Etre en ville pour accéder facilement à toutes les commodités.

Questions de réflexion

Quel est votre lieu de vie idéal ?
Comment le décririez-vous ?
De quelle manière répond-il à vos besoins ?

« Nul n'est besoin de faire de la terre un paradis : elle en est un. A nous de nous adapter pour l'habiter. » Henry MILLER.

PRATIX N°27

Fortifier votre bien-être physique

Exercice

Pour être en forme et en bonne santé, faites de l'exercice à votre niveau.

Exemple

Marchez en forêt régulièrement pour respirer le grand air, faire du trampoline, faire de la course à pied ...

Questions de réflexion

Quand faites-vous de l'exercice ?
A quelle fréquence ?
Que faites-vous concrètement pour maintenir votre corps en pleine forme ? Comment cela impacte votre bien-être ?

« C'est l'exrecice physique qui soutien l'humeur et conserve à l'esprit sa vigueur. » CICERON.

PRATIX N°28

Fortifier votre bien-être psychique

Exercice

Pour apaiser votre mental, pratiquez par exemple du yoga, de la sophrologie, de la méditation ... Cela vous aidera à vous relaxer, ainsi qu'à lâcher prise et à trouver de nouvelles idées et solutions.

Exemple

Placez-vous dans un lieu calme assis sur une chaise confortable avec les pieds au sol. Pendant 5 minutes, effectuez une inspiration de 5 secondes, suivie d'une expiration de 5 secondes. A la fin de la séance, que ressentez-vous ?

? Questions de réflexion

Quelle serait la bonne posture corporelle adaptée à vous?
Comment mettez-vous votre esprit au repos ? Par quelle méthode vous y parvenez le mieux ?

« L'homme doit harmoniser l'esprit et le corps. » HIPPOCRATE.

PRATIX N°29

Amplifier votre optimisme

Exercice

Connectez-vous et focalisez-vous sur le positif utile, en éliminant ce qui vous pollue l'esprit. Vous retrouverez joie et bonne humeur.

Exemple

Supprimez les nouvelles déprimantes tout au long de la journée. Eliminez les médias pour les remplacer par de la musique agréable et relaxante.

Questions de réflexion

Que vous apportent au quotidien les nouvelles déprimantes ? Et les bonnes nouvelles ? Comment cela impacte votre moral ?
Quels types de nouvelles contribuent à votre bonheur ?
Que pouvez-vous mettre en place pour apporter du positif pour vous et autour de vous ?
Qu'est-ce qui génère dans votre vie de l'optimisme ?
Qu'est-ce qui vous rend entousiaste tous les jours ?

Avec média **Sans média**

« Il n'est pas nécessaire de rejeter toute activité, de rechercher le silence. Il suffit de faire le vide en soi en respectant l'harmonie à l'extérieur. De cette façon, vous serez en paix au milieu de l'activité frénétique du monde. » YAN-WU.

PRATIX N°30

Trouver votre projet de vie

Exercice

Prenez le temps de rêver vos projets, cela vous aidera à trouver votre chemin pour atteindre votre objectif essentiel et trouver le sens de votre vie.

Exemple

Faire le tour du monde. Créer sa propre entreprise de savons, de bières, de chocolats. Devenir restaurateur, sophrologue, apiculteur ...

Questions de réflexion

Quel est actuellement votre projet de vie ? Pouvez-vous le décrire précisément ?
Qu'est-ce que vous ressentez en imaginant que vous avez atteint votre projet ? Quelles sont les étapes intermédiaires que vous allez mettre en place pour réussir celui-ci ?
Quand prenez-vous le temps de rêver votre projet de vie ? Combien de temps passez-vous à être en contact avec lui ? A trouver comment les réaliser ?
Quelles sont les priorités dans votre vie ? Pour quoi vivez-vous ? Et pour qui ?
Les rêves c'est quoi, qu'est-ce qu'ils vous apportent ?

« Le seul péché est de ne pas se risquer pour vivre son désir. »
Françoise DOLTO.

PRATIX N°31

Développer votre potentiel

Exercice

Lancez-vous des défis et appréciez votre réussite.
Osez essayer et réussir. Vos réussites renforceront votre confiance en vous.

Exemple

Réaliser un tableau, changer de travail, faire une longue randonnée, créer une pâtisserie complexe, courir un marathon jusqu'à la ligne d'arrivée ...

Questions de réflexion

Quel est votre défi personnel actuel ? Pouvez-vous le décrire avec précision ?
Que ressentez-vous en imaginant que vous avez réussi votre défi ?
Qu'êtes-vous prêt(e) à investir pour réussir ?
Qu'est-ce qui pourrait faire qu'il soit à votre portée ?
Quelles sont les situations qui vous ont déjà permis de réussir ?
De quels types sont vos réussites ?

« Le difficile, c'est ce qui peut être fait tout de suite, l'impossible, c'est ce qui prend un peu plus de temps. » George SANTAYANA.

PRATIX N°32

Fortifier votre bien-être psychique

Exercice

Pratiquez le sourire intérieur. Imaginez qu'un sourire traverse votre corps, et automatiquement vous allez vous sentir plus joyeux(se).

Exemple

Posez une photo d'un sourire dans votre environnement de travail et connectez-vous à celui-ci chaque jour durant 1 minute.

Questions de réflexion

Quand et dans quelles occasions souriez-vous ?
Qu'est-ce qui vous fait sourire ?
Si tout le monde souriait autour de vous, comment serait votre quotidien ?
Quelles sont vos croyances associées au rire ?

« Chaque fois qu'un homme sourit, il ajoute quelque chose à sa durée de vie. » Laurence STERNE.

PRATIX N°33

Vivre en pleine conscience

Exercice

De temps en temps, posez-vous et ne faites rien, en coupant le téléphone par exemple. Admirez ce qui est autour de vous. Votre mental s'apaisera et sera source de créativité avec l'apparition de nouvelles idées et solutions.

Exemple

Posez-vous et prenez le temps d'observer et d'admirer ce qui vous entoure. C'est-à-dire les couleurs, les sons, les images, les odeurs ...

Questions de réflexion

De quelle façon et quand prenez-vous régulièrement du temps pour vous et rien que pour vous ?
Comment vous sentez-vous lorsque vous avez pris ce temps ?

« Vivre en pleine conscience, ralentir son pas et goûter chaque seconde et chaque respiration, cela suffit. » Thich NHAT HANH.

PRATIX N°34

Amplifier votre potentiel et optimisme

Exercice

Lorsqu' un évènement vous contrarie, écrivez-le sur un papier, pour le sortir de votre tête. Lorsqu'il est déposé sur le papier vous ressentez du soulagement. Si vous relisez celui-ci dans 24h, 48h, 1 semaine ou 1 mois plus tard, vous changez de regard et de rapport avec ce même évènement. Nommer permet de se distancier.

Exemple

Lorsque vous avez inscrit ce qui vous ennuie sur le papier, laissez-vous au moins une nuit de réflexion avant de foncer vers une solution. Cela aidera à l'apaisement et à la construction de nouvelles solutions plus adapté à votre objectif ou besoin du moment.

Questions de réflexion

Que voulez-vous par rapport à votre situation actuelle ?
Comment aujourd'hui faites-vous face à vos difficultés ? Quelle est votre stratégie habituelle de résolution ?
De quelles manières pourriez-vous changer de stratégie face à vos difficultés ?
En quoi une difficulté peut vous aider à grandir ?

« Rester en colère, c'est comme saisir un charbon ardent avec l'intention de le jeter sur quelqu'un ; c'est vous qui vous brûlez » BOUDDHA.

PRATIX N°35

Activer votre intelligence émotionnelle

Exercice

Reconnaissez et soyez à l'écoute de vos émotions.
Accueillez l'émotion qui vous traverse au lieu de la rejeter. Elle est votre amie ; car c'est un indicateur bienveillant et aidant. Vos émotions sont vos alliées car elles vous indiquent si vos valeurs sont correctement respectées et si vos besoins sont satisfaits.

Exemple

Si vous êtes en colère, c'est peut-être que vous avez besoin de justice. Si vous ressentez de la joie, vous êtes aligné avec vos besoins et valeurs.

Questions de réflexion

Quelles émotions connaissez-vous ? Quelle émotion apparaît le plus souvent chez vous ?
Comment traduisez-vous vos émotions ainsi que celles d'autres ?
Comment gérez-vous vos émotions ainsi que celles des autres ?

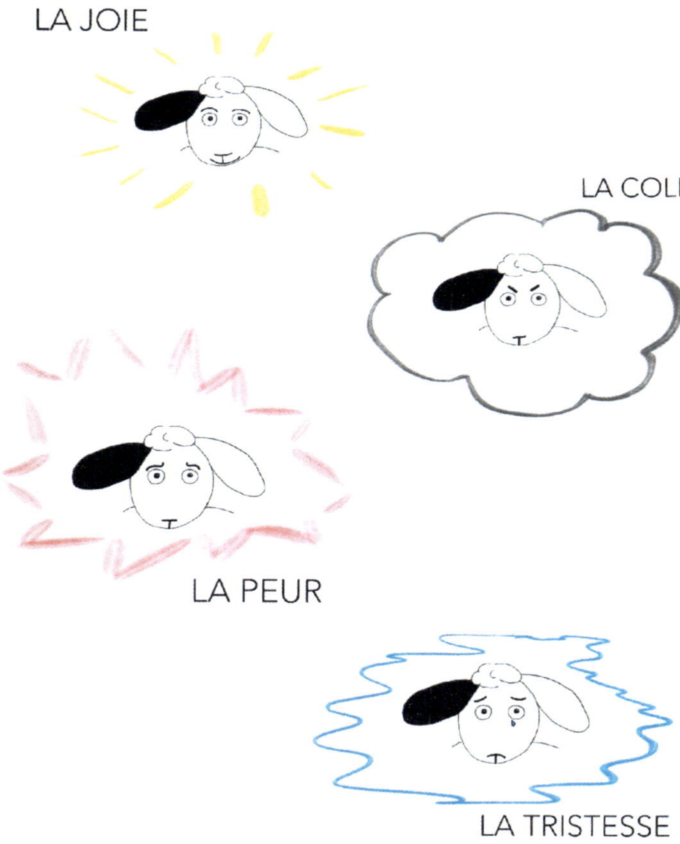

« Ne t'excuse jamais d'avoir laissé paraître des sentiments, car ce serait t'excuser de la vérité. » Benjamin DISRAELI.

PRATIX N°36

Renforcer votre santé

Exercice

Ayez une bonne alimentation, c'est-à-dire :
- Préférez manger des fruits et légumes crus.
- Evitez le sucre raffiné, l'excès de protéines, les produits ultra-transformés.
- Ecartez les excitants (thé, café ...) qui masquent la fatigue. Si vous êtes fatigué, reposez-vous, écoutez votre corps.

La nourriture a un gros impact sur notre psychique. Modifiez votre alimentation et vous verrez des changements au niveau de votre mental.

Exemple

Essayer de bousculer vos habitudes alimentaires pour observer les conséquences sur votre corps.

Tester une semaine sans gluten, sucre, alcool, café ou thé ...Votre intestin est votre deuxième cerveau.

Questions de réflexion

Quel est le lien entre votre alimentation et vos émotions ?

Avez-vous déjà testé une semaine sans gluten, sucre, alcool, café ou thé ? Comment vous sentiez-vous ?

« Que ton aliment soit ta seule médecine .» HIPPOCRATE.

PRATIX N°37

Amplifier votre optimisme et joie de vivre

Exercice

Célébrez vos réussites en invitant les gens que vous aimez. Partagez avec les gens que vous aimez vos moments de joie.

Exemple

Vous venez de réussir le bac ou un autre examen ? Vous avez réussi un projet qui vous tenait à cœur depuis longtemps ? Vous avez passé de belles vacances ? Invitez vos amis, votre famille pour partager votre joie et réussite avec eux !

Questions de réflexion

Comment célébrez-vous vos réussites ?
Quelles sont vos réussites et succès actuels ?
Qu'est-ce qui vous encourage à réussir ?
Dans quel domaine réussissez-vous le mieux ?
Comment se sentent les personnes autour de vous lorsque vous êtes joyeux ?

« Etre attaché à son propre bonheur est un obstacle sur la voie véritable et parfaite. Chérir autrui est la source de toute qualité admirable connue. » Lama TSONG KHAPA.

PRATIX N°38

Savoir lâcher prise

Exercice

Inscrivez sur des papiers ce qui vous tracasse en ce moment. Au moins les tracas sont sur le papier et plus dans votre tête, c'est libératoire.

Exemple

Imaginez que vous attachez ces papiers à des ballons, que vous lâchez ensuite. Cela vous permet d'avoir l'esprit plus calme et libre pour mieux repartir.

Questions de réflexion

En quelles occasions réussissez-vous à lâcher vos problèmes ? Dans quelles situations avez-vous déjà réussi à lâcher prise ? Comment avez-vous fait ?

« Lâchez prise. Apprenez à suivre le flot des changements qui surviennent. Devenez plus flexible et détendez-vous. » Bhante HENEPOLA GUNARATANA.

PRATIX N°39

Savoir lâcher prise

Exercice

Prenez de la hauteur et du recul face à une situation difficile. Posez-vous dans un endroit calme et observez autour de vous. Concentrez-vous sur la vue, les odeurs, la température, les sons. Soyez dans l'instant présent. Cela permet à votre esprit de se concentrer sur d'autres sujets que votre situation actuelle, et par conséquent, d'avoir du repos mental.

Exemple

Posez-vous tout seul durant 15 min dans un coin de nature que vous aimez et fermez les yeux en écoutant votre environnement.

Questions de réflexion

De quoi auriez-vous besoin pour trouver de nouvelles solutions ?
Sur quoi focalisez-vous votre attention et énergie ?
De quelle manière vos choix sont en accord avec vos besoins et valeurs (Cf. en annexe) ?

« Lâche prise. Fais le vide. Deviens silencieux, clair et calme. »
Proverbe ZEN.

PRATIX N°40

Equilibrer votre bien-être psychique

Exercice

Rechargez vos batteries, en vous accordant des moments rien que pour vous, afin de préserver votre bulle d'intimité. C'est lorsque nous sommes bien avec nous-même que nous aidons au mieux les autres.

Exemple

Vous pouvez vous accorder, comme les enfants, le droit à la sieste. Tout le monde y a droit.

Questions de réflexion

Quelles sont vos stratégies pour trouver votre équilibre ?
Par quel moyen rechargez-vous vos batteries ?
Comment générez-vous votre bulle d'intimité ?
Comment vous sentez-vous lorsque l'équilibre entre le physique et le psychique est respecté ?

« L'instant est béni. Tout le reste est souvenir. » Jim MORRISON.

PRATIX N°41

Libérer votre créativité

Exercice

Exprimez et libérez votre créativité. C'est libératoire et source de détente et d'épanouissement. Lorsque vous êtes concentré sur une tâche qui vous plaît, vous êtes dans l'instant présent, et par conséquent dans le lâcher prise et cela vous rend joyeux(se).

Exemple

Achetez un petit carnet et des crayons de couleur, laissez-vous porter par votre inspiration et faites un dessin, comme aiment le faire les enfants.
Vous pouvez aussi faire des poteries, des maquettes, de la musique, du tricot, de la cuisine ...

Questions de réflexion

Pensez-vous qu'il faille être un grand artiste pour faire de belles choses ?
De quelle manière avez-vous l'habitude d'exprimer votre créativité ? Comment vous sentez-vous lorsque vous créez pour vous, pour les autres ?
Dans quelles situations êtes-vous le plus créatif(tive) ?
Qu'est-ce qui facilite en vous cet élan de créativité ?

« La vie en elle-même est une toile vide. Elle devient ce que vous peignez dessus. Vous pouvez peindre la misère ou la joie. Cette liberté est votre splendeur. » Osho RAJNESSH.

PRATIX N°42

Prendre du temps pour soi

Exercice

Prenez le temps, sans lui courir après. Nous avons tous la même durée de 24h dans une journée. Commencez votre journée par ce qui vous fait plaisir. Sinon, vous risquez de ne pas trouver de temps pour le faire.

Exemple

Dans votre planning, inscrivez, prendre une pause pour moi de 15 min après mon repas de midi.

Questions de réflexion

A quel moment dites-vous aux autres : « Je n'ai pas le temps », « Je ne suis pas disponible » ? A quelle fréquence ?
Qu'est-ce qui vous empêche de le prendre ?
Comment vous sentez-vous lorsque vous manquez de temps ? Pourquoi ?
Qu'avez-vous envie de mettre en place pour avoir du temps pour vous ?
Comment identifiez-vous l'urgent de l'important ?

« Si tu ne profites pas du temps que tu as de libre, tu n'en profiterais pas d'avantage si ce temps était dix fois plus considérable. »
Alexandra DAVID-NEEL.

PRATIX N°43

Capter le positif

Exercice

Entourez-vous de personnes positives, qui vous donnent de l'énergie. Trouvez les 6 personnes le plus positives de votre entourage pour passer du temps avec elles :

1/.......................... 2/.......................... 3/..........................
4/.......................... 5/.......................... 6/..........................

Exemple

Vous pouvez dire aux autres que vous les appréciez pour qui ils sont et que vous aimez être avec eux. Que vous appréciez également leur optimisme.

Questions de réflexion

Avez-vous pour habitude de dire ce que les autres font de bien ?
Est-ce difficile pour vous ? Pour quelles raisons?
Comment réagissent les personnes lorsque vous les complimentez avec sincérité ?

« C'est l'amour de nous-même qui assiste l'amour des autres ; c'est par nos besoins mutuels que nous sommes utiles au genre humain ; c'est l'éternel lien des hommes. » VOLTAIRE.

PRATIX N°44

Augmenter votre potentiel personnel

Exercice

Sachez faire preuve de flexibilité. Face à une même situation, il y a plusieurs manières de réagir. Si vous disposez de solutions multiples (au minimum 3), vous vous sentez plus confiant et libre. Pour cela, définissez ce que vous désirez vraiment, qui dépend de vous et qui ne présente pas d'inconvénients pour vous, ou bien pour les autres. Et enfin les solutions trouvées devront répondre à vos besoins et valeurs.

Exemple

Si un mur se dresse devant vous vous pouvez le contourner, le sauter, le longer, repartir en arrière …

Questions de réflexion

Dans quelles circonstances avez-vous déjà fait preuve de flexibilité ?
Comment êtes-vous capable d'aller chercher de l'aide auprès d'autres personnes ?
Quelles sont vos méthodes pour trouver de nouvelles solutions ?

« A quoi bon soulever des montagnes quand il est si simple de passer au-dessus ? » Boris VIAN.

PRATIX N°45

Amplifier votre optimisme et gratitude

Exercice

Avant de vous endormir, notez 3 choses positives qui vous sont arrivées au cours de votre journée ou que vous avez accomplies. Relisez-les, de temps en temps, cela vous donnera de l'optimisme.

Exemple

J'ai mangé au restaurant un excellent repas avec mes amis. J'ai remercié mon collègue pour son soutien sur une tâche difficile. J'ai échangé aimablement avec une personne. Je me sens détendu après avoir fait du sport. Je remercie d'être en bonne santé.

Questions de réflexion

Savez-vous repérer les moments positifs d'une journée, même s'ils sont minimes ? Comment les reconnaissez-vous ?
Comment vous y prenez-vous pour réaliser ce qui vous plait ?
Si vous vous comparez à vous il y a 1 mois, 1 an ... qu'est-ce qui a changé en mieux ? Qu'avez-vous appris de positif ? Qu'avez-vous compris qui soit aidant pour vous ?
De quelle manière remerciez-vous pour ce que vous avez déjà ?

« La gratitude n'est pas seulement la plus grande des vertus, c'est aussi la mère de toutes les autres. » CICERON.

PRATIX N°46

Augmenter votre potentiel personnel

Exercice

Osez quitter votre zone de confort de temps en temps, afin de créer des opportunités d'apprendre de nouvelles choses et de grandir. Cela vous donne également l'occasion de rencontrer des personnes, qui ont de belles choses et idées à partager avec vous.

Exemple

Parfois lors d'une soirée, nous souhaitons rester dans un coin, de peur de rencontrer des nouvelles personnes que nous ne connaissons pas. Mais finalement, souvent nous sommes ravis d'avoir fait leur connaissance et d'avoir passé un moment agréable et convivial.

Questions de réflexion

Qu'est-ce qui vous permet de sortir de votre zone de confort ?
Quels peuvent être vos freins ?
De quelle manière sortez-vous de cette zone ?
Comment repoussez-vous vos propres limites ?
Quelles ressources personnelles utilisez-vous ?

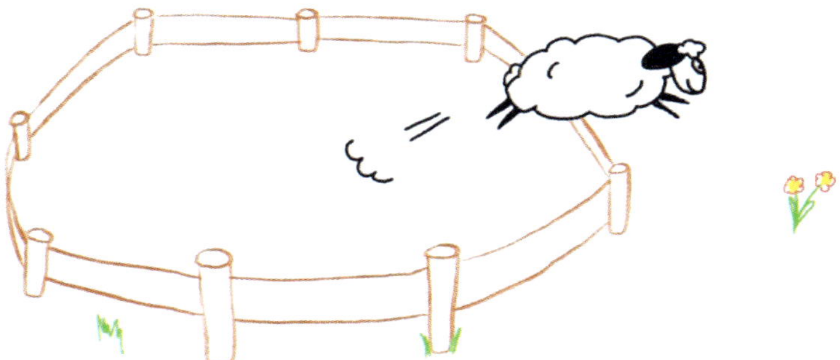

« Ce n'est pas parce que les choses sont difficiles que nous n'osons pas les faire, c'est parce que nous n'osons pas les faire qu'elles sont difficiles. » SENEQUE.

PRATIX N°47

Activer votre intelligence émotionnelle

Exercice

Acceptez et accueilliez les émotions des autres personnes, cela vous permet de rentrer en relation avec elles, en créant un environnement de confiance et de respect.

Exemple

Si une personne pleure, évitez de lui dire « Arrête de pleurer ! ». Accueillez ses larmes en la prenant dans vos bras, ou bien en lui demandant « Comment je peux t'aider au mieux, de quoi as-tu besoin ? ».

Questions de réflexion

Que faites-vous habituellement si une personne face à vous a peur, est en colère, ou triste ?
Comment réagit la personne en retour ?
Comment percevez-vous les émotions des autres ? Ainsi que les vôtres ?
Que ressentez-vous face aux émotions des autres ?

« Sans émotions, il est impossible de transformer les ténèbres en lumière et l'apathie en mouvement. » Carl Gustav JUNG.

PRATIX N°48

Savoir être tolérant

Exercice

Soyez bienveillant avec les autres et également avec vous-même.
En évitant la critique envers autrui, vous commencez par vous faire du bien en premier. Il n'y a pas de gens méchants, mais des gens qui souffrent.

Exemple

Lorsque vous estimez qu'une personne va trop lentement, au lieu de la blâmer, posez-lui la question de ce qui fait qu'elle a besoin de plus de temps que-vous. Comment pourriez-vous l'aider ?

Questions de réflexion

Qu'est-ce qui fait qu'une personne soit agressive ?
Comment pouvez-vous vérifier si ses valeurs et besoins ont été correctement satisfaits ?
Et pour vous, dans quelle situation êtes-vous contrarié ? Comment aimeriez-vous que les autres vous traitent dans cette situation ?
Qu'est-ce que les difficultés des autres peuvent vous renvoyer comme informations ?

« La discorde est le plus grand mal du genre humain et la tolérance est le seul remède. » VOLTAIRE.

PRATIX N°49

Développer l'estime de soi

Exercice

Soyez aimable envers vous-même. Accordez-vous de l'importance et de la valeur, afin de renforcer votre estime de vous. Vous pouvez vous répéter chaque jour : « Je suis important(e) et j'ai de la valeur ». Pardonnez-vous également de ne pas toujours réussir du premier coup, et accordez-vous d'être imparfait(e).
Toute erreur est source d'apprentissage.

Exemple

Connaissez-vous un bébé qui marche en 1 journée ? Il fait des centaines d'essais avant d'y parvenir, sans se juger.

Questions de réflexion

De quelle façon vous accordez également le droit à l'erreur ?
Quand vous arrive-t-il de vous comparer aux autres ?
Quelles sont les croyances aidantes qui nourrissent l'estime de vous ?
De qui recherchez-vous cette estime ? De quelle manière ?

« Si vous avez confiance en vous-même vous allez inspirer la confiance aux autres. » GOETHE.

PRATIX N°50

Accroître votre tolérance

Exercice

Accordez-vous ainsi qu'aux autres le droit à l'erreur. Cette tolérance vous permet plus facilement de pardonner. Le pardon est bon pour vous, car en abandonnant la colère, vous commencez par vous faire du bien en premier. Cette capacité à pardonner vous offre la possibilité d'amplifier votre lâcher prise et votre bien être. La tolérance envers soi ouvre également à la tolérance envers autrui.

Exemple

Si avez la perception qu'une personne vous crie dessus, c'est certainement qu'elle a un mal être interne qu'elle ne sait pas exprimer.
Est-ce un besoin non satisfait, une valeur pas respectée, une peur, une croyance limitante ... ?

Questions de réflexion

Comment réagissez-vous face à l'intolérance ?
Comment vous voyez-vous ?
Comment vous jugez-vous ?
Comment les autres vous voient et vous jugent ?

« Un mot prononcé engendre la confiance. Une pensée exprimée avec bienveillance engendre la profondeur. Un bienfait accordé avec bienveillance engendre l'amour. » Lao TSEU.

PRATIX N°51

Apaiser son mental et lâcher prise

Exercice

Choisissez un mandala qui vous plaît et coloriez le. Vous en trouverez en librairie ou sur Internet.

Exemple

Trouvez un endroit tranquille, puis choisissez vos couleurs du moment.
Posez-vous et commencez à colorier le mandala de cette pratix ou bien dessinez ce qui vous chante.

Questions de réflexion

Comment vous sentez-vous lorsque vous coloriez ou dessinez ? Que se passe-t-il en vous ? Qu'est-ce que cela vous apporte ? Dans quelles situations ressentez-vous de l'apaisement ? Pouvez-vous le décrire précisément ?

« Parfois, le lâcher prise est un acte plus puissant que de se défendre ou de s'accrocher. » Eckhart TOLLE.

PRATIX N°52

Gérer son niveau d'énergie

Exercice

Trouvez une solution satisfaisante dans votre quotidien en utilisant le bon niveau d'énergie, afin de vous permettre de gérer votre énergie en toutes circonstances et sans vous épuiser.

Exemple

Pour arriver au sommet d'une montagne, le chemin le plus pentu et le plus court, est celui qui est le plus difficile et risque de vous décourager.
Le chemin moins pentu est plus long, mais il vous donne la possibilité d'arriver à destination avec plus d'énergie.

Questions de réflexion

Pourquoi faites-vous les choses ? Et pour qui ?
Qu'est-ce qui vous a aidé à faire le bon choix dans vos expériences passées ?
Qu'est-ce qui vous permettra de gérer votre énergie afin de réussir à atteindre votre objectif final ?

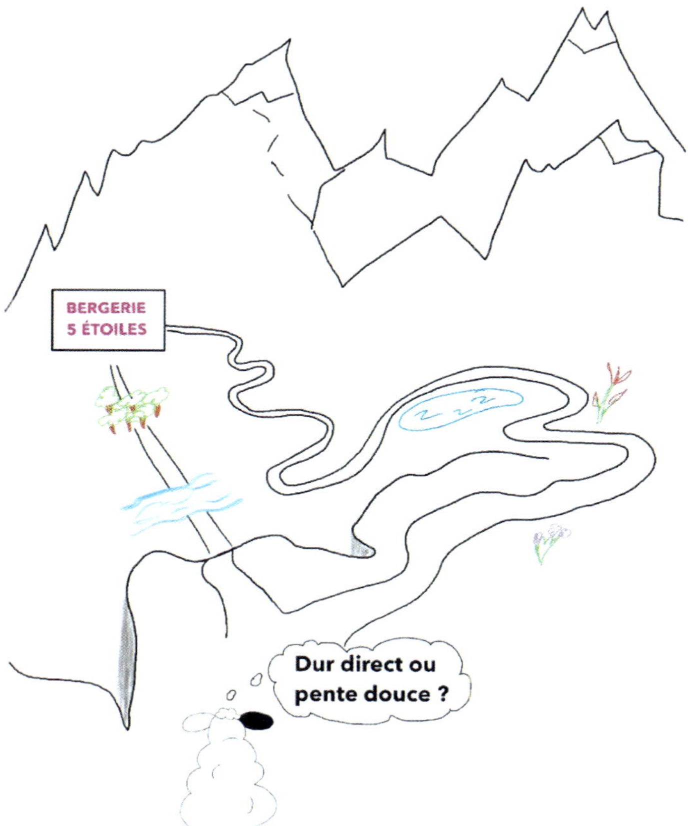

« Il vaut mieux suivre le bon chemin en boitant que le mauvais d'un pas ferme. » Saint AUGUSTIN.

Bilan Personnel :

Alors, quelles sont les pratix que vous avez préférées ?
Quelles pratix allez-vous mettre en œuvre à court terme, moyen terme et long terme ?

J'espère que ce voyage au pays de TIX vous a plu et que vous y avez trouvé de belles et bonnes idées pour vous aider au quotidien.

Mise en actions :

Qu'allez-vous arrêter de faire ?

....

....

....

....

Continuer de faire ?

....

....

....

....

Commencer à faire ?

....

....

....

....

Quel serait votre rituel bonheur quotidien ?

....

....

....

....

Conclusion

Vous avez réalisé un beau voyage intérieur. Vous pouvez vous en remercier et vous féliciter d'avoir pris ce temps pour vous.

Une bonne connaissance de soi est vraiment nécessaire pour prendre les décisions qui rempliront vos valeurs et besoins afin d'être en accord avec vous-même.
L'apprentissage et la connaissance de soi prennent du temps, mais cela est essentiel pour mener une vie heureuse et équilibrée. Je suis contente d'avoir l'occasion, au travers de ce livre, de vous offrir ce que j'ai appris et de le partager avec vous, n'hésitez pas à le transmettre à votre tour.
Toutes les pratix appliquées au long de votre existence vous permettront de grandir. Pour cela une relecture régulière vous donnera le passeport pour réussir votre mission bonheur.

En tout cas, je vous souhaite à tous la meilleure vie possible et une bonne route vers le chemin de la transformation positive.
Si vous souhaitez partager vos expériences et de nouvelles pratix avec TIX, laissez-lui un message sur : tixlemouton@free.fr.
Si vous avez aimé ce livre merci d'ajouter un commentaire sur Amazon, le partager autour de vous, sur les réseaux sociaux. Nina.

L'auteur

Nina Sandré, de son nom d'auteur, s'est formée au coaching depuis 2011. Sur son chemin, elle a appris les techniques suivantes : la Programmation Neuro Linguistique, les Interventions Orientées Solutions, l'Ennéagramme, l'Intelligence Emotionnelle, la Communication Non Violente et surtout elle est passionnée par le coaching. Elle continue d'apprendre chaque jour ces belles expériences que la vie lui offre.

Elle s'est forgée une solide expérience de coach au sein d'une grande entreprise, ce qui lui a permis d'accompagner de nombreuses personnes à réussir dans leur vie professionnelle et personnelle. Elle pratique également du coaching individuel hors de l'entreprise.

Ce qui l'anime également, c'est de partager avec d'autres ses connaissances dans le domaine du coaching en toute simplicité.

Remerciements

Un grand MERCI à vous qui avez choisi ce livre pour améliorer votre quotidien.

Un autre MERCI à tous mes nombreux relecteurs(trices) qui ont pris du temps et de l'énergie pour m'accompagner dans ce projet de livre.

Annexe : Les besoins

Acceptation, intégration
Amour
Appartenance (faire partie d'une entité plus grande que soi-même)
Appréciation (confirmation qu'une contribution positive a été apportée)
Apprentissage
Attention
Authenticité (être vrai vis-à-vis de soi)
Autonomie (choisir ses propres objectifs, valeurs, rêves et moyens de les concrétiser)
Beauté
Bien-être
Bienveillance
Célébration de la vie
Chaleur humaine
Clarté
Clarté de l'objectif
Cohérence
Compassion (réaction bienveillante à une souffrance)
Compétence
Compréhension (comprendre et être compris)
Confiance
Connexion
Considération (pour nos propres besoins ou préférences et pour ceux des autres)
Contact
Contribuer au bien-être d'autrui, la relation d'aide
Contribution à enrichir la vie
Coopération
Créativité
Croissance

Deuil (de la vie et des cycles de la naissance et de la mort)
Échange, recevoir des autres et leur donner
Équilibre
Exister
Efficacité
Égalité
Empathie
Espoir
Expression de soi
Harmonie
Honnêteté
Humour
Intégrité
Interdépendance
Intimité
Jouer
Justice
Ordre
Paix
Plaisir physique
Présence humaine
Réconfort
Repos
Respect mutuel
Sécurité affective
Sécurité matérielle
Sens et efficacité
Se sentir en vie
Soutien
Spiritualité

Annexe : Les valeurs

Abondance, acceptation, accomplissement, achèvement, adaptabilité, affection, agilité, altruisme, aide, affirmation, ambition, amitié, amour, appréciation, apprentissage, assurance, attraction, audace, authenticité, autodiscipline, autonomie, autorité, aventure, beauté, bien-être, bienveillance, bonheur, bravoure, calme, chaleur, charme, changement, clarté, cohérence, collaboration, compassion, compétence, compréhension, concentration, confiance en soi, confort, courage, conscience, contentement, contrôle, conviction, convivialité, coopération, cordialité, courtoisie, créativité, croissance, culture, curiosité, découverte, défi, désir, détermination, devoir, dévotion, dignité, diligence, discipline, discrétion, disponibilité, diversité, droiture, dynamisme, éducation, efficacité, égalité, empathie, endurance, encouragement, engagement, enthousiasme, équité, espérance, esthétique, excellence, exigence, expertise, expressivité, extravagance, famille, fermeté, fiabilité, fidélité, flexibilité, force, fraîcheur, franchise, gaieté, générosité, gratitude, harmonie, héroïsme, honnêteté, humilité, humour, importance, indépendance, influence, ingéniosité, intelligence, intimité, intrépidité, jeunesse, joie, justice, liberté, lucidité, maîtrise, médiation, nature, obligation, ordre social, ouverture d'esprit, paix, partage, performance, plaisir, politesse, prévenance, profondeur, proximité, raffinement, réalisation, réciprocité, réflexion, relaxation, résignation, respect, retenue, responsabilité, richesse, rigueur, sacré, sagesse, sang-froid, santé, satisfaction, sensibilité, sensualité, sérénité, sexualité, silence, simplicité, sincérité, sociabilité, solidarité, solitude, spiritualité, spontanéité, stimulation, structure, succès, surprise, sympathie, synergie, tradition, tranquillité, transmission, unité, utilité, variété, vérité, vigilance, vitalité, vivacité, volonté.

Annexe : Les croyances limitantes

La vie est dure.
On ne peut pas tout avoir dans la vie.
Pour être aimé, je dois faire plaisir et donner aux autres.
Il faut travailler fort pour y arriver.
Il faut trimer pour réussir.
Travailler à la sueur de son front.
C'est trop tard pour moi pour apprendre.
Je ne suis pas digne d'y arriver.
Le succès monte à la tête.
Je n'ai pas le droit à l'erreur.
Se tromper, c'est un échec.
Le bonheur n'est pas à portée de main.
Je n'y arriverai jamais.
Si je suis riche, je vais être snob et je vais attraper la grosse tête.
Il faut se couvrir l'hiver, ça donne la grippe.
L'argent c'est sale.
L'argent ne pousse pas dans les arbres.
Le temps, c'est de l'argent.
Je n'ai pas le droit à l'erreur.
C'est trop beau pour être vrai.
Il faut toujours se dépêcher.
Si je suis lent(te) je ne suis pas à la hauteur.

Annexe : Les qualités personnelles

Toutes ces qualités sont à décliner également au féminin.

Accessible
Analytique
Aidant
Ambitieux
Astucieux
Calme
Charismatique
Communicatif
Constructif
Convaincant
Coopératif
Courageux
Combatif
Créatif
Curieux
Diplomate
Dynamique
Efficace
Exemplaire
Expérimenté
Fiable
Flexible
Honnête
Indépendant
Intelligent
Inventif
Leader
Loyal
Minutieux
Motivé
Observateur
Optimiste
Organisé
Ouvert d'esprit
Passionné
Perfectionniste
Polyvalent
Réfléchi
Rigoureux
Soigneux
Souriant
Travailleur
Volontaire

Sommaire

Printed in Poland
by Amazon Fulfillment
Poland Sp. z o.o., Wrocław

54030384R00079